Bibliografische Information der Deutschen Nationalbibliothek:

Die Deutsche Bibliothek verzeichnet diese Publikation in der Deutschen National-
bibliografie; detaillierte bibliografische Daten sind im Internet über http://dnb.d-
nb.de/ abrufbar.

Impressum:

Copyright © 2016 GRIN Verlag, Open Publishing GmbH
Druck und Bindung: Books on Demand GmbH, Norderstedt Germany
ISBN: 9783668261495

Franziska Feß

Selfie. Das Selbstporträt in den sozialen Netzwerken als Selbstdarstellung und Indikator jugendlichen Schönheitsideals

GRIN Verlag

GRIN - Your knowledge has value

Der GRIN Verlag publiziert seit 1998 wissenschaftliche Arbeiten von Studenten, Hochschullehrern und anderen Akademikern als eBook und gedrucktes Buch. Die Verlagswebsite www.grin.com ist die ideale Plattform zur Veröffentlichung von Hausarbeiten, Abschlussarbeiten, wissenschaftlichen Aufsätzen, Dissertationen und Fachbüchern.

Besuchen Sie uns im Internet:

http://www.grin.com/

http://www.facebook.com/grincom

http://www.twitter.com/grin_com

HAUSARBEIT: PRAKTISCHE THEOLOGIE

SELFIE

- Das Selbstporträt in den sozialen Netzwerken als Selbstdarstellung und Indikator des jugendlichen Schönheitsideals

Studentin: Franziska Feß

Studiengang: Lehramt Primarstufe und Sekundarstufe I

Seminar: HS Praktische Theologie „Please hold the line…" – Strukturen,
     Chancen und Risiken medial vermittelter Kommunikation
Modul: Theologie und Praxis (LPS1)

Abgabe: **30.04.2016 (WS 2015/2016)**

Inhaltsverzeichnis

Einleitung 1

1. Schönheit und Schönheitsideale 3

    1.1. Definitionen 3

        1.1.1. Schönheit 3

        1.1.2. (Schönheits-)Ideal 4

    1.2. Historischer und kultureller Abriss – Streben nach Schönheit 5

    1.3. Schönheitsideale in der Gesellschaft 10

    1.4. Schönheitsideal und Schönheitshandeln bei Jugendlichen 12

2. Social Media – die soziale Lebenswelt Jugendlicher? 16

    2.1. Definition und Angebotsformen 16

    2.2. Funktionen 18

    2.3. Jugend und soziale Medien 19

3. Selfie – das Bild zur Selbstdarstellung 20

    3.1. Begriffsbestimmung 20

    3.2. Geschichte des Selbstporträts 20

    3.3. Bilder in sozialen Netzwerken 22

    3.4. Analyse des Bilderflut 23

        3.4.1. Mediale Selbstdarstellung der „Promis" 23

        3.4.2. Mediale Selbstdarstellung Jugendlicher 27

    3.5. Bildbearbeitung 28

    3.6. Zwischen Fremd-Beeinflussung und Selbstdarstellung 29

Schlussworte und Conclusio 30

Literatur 32

Abbildungsverzeichnis 34

Erstmal ein Selfie!

(Auszüge des Songtextes von SDP, Mad Maks)

(Der Songtext wurde aus urheberrechtlichen
Gründen für die Veröffentlichung entfernt)

Hyperlink zum Song oder QR-Code scannen:

http://www.dailymotion.com/video/x2rawer_sdp-erstmal-ein-
selfie-feat-mad-maks-audio-full-hd_music

Einleitung

Das Selfie - man könnte behaupten, jeder kennt es und fast jeder hat bereits eines gemacht. Selfies sind alltäglich, durch technische Entwicklungen, wie Smartphones und mobiles Internet, ist es heute nahezu jedem möglich, zu jeder Zeit und an jedem Ort der Welt ein Selfie zu machen und es in den sozialen Netzwerken hochzuladen. Das Phänomen ist in unserer heutigen Gesellschaft so präsent, dass sich unter anderem Literatur und Musik damit auseinander setzen. Der einleitende Songtext des Liedes „Erstmal ein Selfie" von SDP und Mad Maks greift zentrale Begleiterscheinungen des Phänomens Selfie auf, unter anderem auch die Rolle der Schönheit und der Selbstdarstellung („Ich bin so schön, ich will, dass das die Welt sieht"). In dieser Sphäre des Selfies zwischen der Selbstdarstellung und der Frage nach Schönheit, ist diese Arbeit zu verorten. Dabei wird der These nachgegangen, inwiefern das Selfie Mittel zur Selbstdarstellung ist und welche Rolle es bei der Entwicklung des jugendlichen Schönheitsideal spielt. Dabei stehen die sozialen Netzwerke als Publikationsplattform von Jugendlichen im Fokus der Analyse. Zur Darstellung und Begründung dieser These wird wie folgt vorgegangen:

Am Anfang wird das Thema Schönheit und Schönheitsideale erläutert, wobei nicht nur das aktuelle Schönheitsbild von Gesellschaft und speziell der Zielgruppe der Jugendlichen untersucht, sondern auch ein historischer und kultureller Abriss unternommen wird, um der Frage nachzugehen, wie sich das Streben nach Schönheit entwickelt hat. Es folgt die Betrachtung von Social Media als Publikationsorgan und enorme Einflussgröße auf das jugendliche Leben. Hierbei werden vorab Angebotsformen und Funktionen von Social Media dargestellt, bevor konkret auf das Verhältnis von Jugend und sozialen Medien eingegangen wird. Auf den zwei Kapiteln von Schönheit und Social Media aufbauend, stellt sich konkret das Themengebiet **Selfie** dar, wobei immer wieder Bezüge zu den Grundlagenkapiteln hergestellt werden. Im dritten Kapitel wird das Selbstporträt zunächst, fernab der digitalen Zeit, in historischer Perspektive betrachtet. Es folgt die allgemeine Erläuterung zu Bildern in sozialen Netzwerken, bevor konkret die Selfies von Jugendlichen und ihren medialen Vorbildern analysiert werden. Abschließend wird kurz dargestellt, welche Rolle Selfies zwischen der Fremd-Beeinflussung und Selbstdarstellung einnehmen.

Diese Hausarbeit entstand innerhalb eines Seminars zur Praktischen Theologie zum Thema „Please hold the line... - Strukturen, Chancen und Risiken medial vermittelter Kommunikation". Bilder und speziell Selfies sind Teil solcher medial vermittelter Kommunikation, weshalb die Auseinandersetzung mit diesen innerhalb einer Hausarbeit als schwerpunktmäßige Vertiefung des Seminarthemas angesehen werden kann. Die Kommunikationsfunktion der Bilder wird in dieser Arbeit hinsichtlich der Selbstdarstellung und dem Einfluss auf das jugendliche Schönheitsideal untersucht.

1. Schönheit und Schönheitsideale

1.1. Definitionen

1.1.1. Schönheit

Was ist Schönheit? Der Begriff der Schönheit ist im wissenschaftlichen Sinne schwer zu definieren.[1] Der Definitionsansatz im Duden versteht unter „schön" ein „[...]Aussehen, das so anziehend auf jemanden wirkt, dass es als wohlgefällig, bewundernswert empfunden wird." Außerdem bedeutet „schön", eine „[...]Art, die jemandem sehr gut gefällt, die jemandes Geschmack entspricht" und als „[...] Art, die Anerkennung verdient, die als positiv, erfreulich empfunden wird" und „so beschaffen [ist], dass Lob durchaus angebracht ist".[2]

Der Begriff der „Schönheit" ist in sich sehr komplex und deshalb schwierig zu definieren. Dennoch muss für diese Ausarbeitung eine Arbeitsdefinition getroffen werden. Hunger (2010) unterscheidet in diesem Kontext vorab allgemein zwischen ästhetischen Eigenschaften des Inneren und des Äußeren. Das Innere verbindet Hunger mit dem Charakter, das Äußere bezieht sich auf Reize des Symptomatischen wie Gesundheit, Jugend und Fruchtbarkeit. Erst im nächsten Schritt werden diese inneren und äußeren Aspekte des Ästhetischen auf den Menschen übertragen, wodurch diese eine Allgemeinbedeutung, unabhängig von epochaltypischen Erscheinungen und Kultur, erhalten.[3] Schönheit ist folglich allgemein nach Hunger (2010):

> *„[...] eine positive ästhetische Eigenschaft, die in einer besonderen Strukturiertheit des zugrundeliegenden Objektes besteht, die eine einheitliche Geschlossenheit vielfältiger Elemente in gegenseitiger Stimmigkeit bedeutet. Diese Strukturiertheit ist dabei ein prominent und deutlich wahrnehmbarer Aspekt des Objekts; die Stimmigkeit der Elemente untereinander bewirkt ein Gefühl von ‚Richtigkeit'."[4]*

---

[1] Vgl. Posch, 2009, S. 21.
[2] Duden („schön"), http://www.duden.de/rechtschreibung/schoen [zuletzt abgerufen am 30.04.2016]
[3] Vgl. Hunger, 2010, S.264ff.
[4] Hunger, 2010, S.265.

Diese augenscheinlich sehr abstrakte und komplexe Definition bezieht sich vordergründig auf die philosophische Auffassung von „Schönheit". Posch (2010) dagegen behauptet, „Schönheit an sich [sei] schwer zu definieren. Sie entzieht sich einer wissenschaftlich korrekten Definition [...]"[5]. Dennoch stellt Posch weiter fest, dass Schönheit weder rein subjektiv, bedenkt man z.B. die Studien zur Proportionalität von Gesichtern, noch rein objektiv sei, in Anbetracht der verschiedenen Ansichten zur Idealfigur.[6] Für diese Ausarbeitung sehr relevant und passend ist die Aufschlüsselung von Degele (2004), sie unterscheidet zwischen den Begriffen „Schönheit", „Schönheitshandeln" und „Attraktivität".[7] Schönheit wird verstanden als

> *„massenmedial produzierte und im Alltag relevante Auffassungen von dem, was Schönheit als hegemoniale Norm im medial-öffentlichen Diskurs in Abgrenzung zum Nicht-Schönen oder Hässlichen ist oder sein soll. Die Attraktivität dient der Darstellung, wonach sie im Spannungsfeld von Körperschönheit und Darstellungskompetenz angesiedelt [ist]"[8].*

Das „Schönheitshandeln" charakterisiert sich durch die Prozesshaftigkeit, genauer gesagt in der „gelingenden oder misslingenden Anerkennung"[9] durch das soziale Umfeld, worauf beim Schönheitshandeln der Schwerpunkt liegt. Auf Grundlage dieser verschiedenen Definitionsansätze wird in dieser Ausarbeitung, angelehnt an die Begriffsunterteilung von Degele, eine Arbeitsdefinition für Schönheit getroffen. Vorab zu sagen ist, dass hier lediglich die äußerlichen Aspekten der Schönheit nach Hunger (2010) berücksichtigt werden, da diese visuell (-medial) wahrnehmbar sind.

> *Schönheit ist epochaltypisch und kulturabhängig, sie ist eine hegemoniale Norm und wird massenmedial verbreitet, wodurch sie hohe Alltagsrelevanz erfährt. Sie kann durch verschiedene Schönheitshandlungen künstlich herbeigeführt oder natürlich begründet sein. Schönheit steht im Kontext subjektiver Darstellung der Person und sozialer Anerkennung und Interaktion.*

1.1.2. (Schönheits-)Ideal

Ideal ist der „Inbegriff der Vollkommenheit, [eine] Idee, nach deren Verwirklichung man strebt".[10] Das Wort Ideal, kommt von Idee und entspringt dem altgriechischen Wort „idéa" für Gedanke oder Vorstellungleiten. Ein Ideal ist dadurch eine erdachte Idee, welches voll-

---

[5] Posch, 2010, S. 5
[6] Vgl. Posch, 2010, S. 5ff.
[7] Vgl. Degele 2004, S.11ff
[8] Degele 2004, S.11ff.
[9] Degele 2004, S.11ff.
[10] Duden („Ideal"), http://www.duden.de/rechtschreibung/ideal [zuletzt abgerufen am 30.04.2016]

kommen und im Prinzip nicht erreichbar ist. In der heutigen Zeit ist ein Ideal jedoch eher eine Art Vorbild, welches durch finanzielle Mittel, Zeit und Anstrengung versucht wird, zu erreichen. Durch die Etablierung eines Schönheitsideals kann eine durchschnittliche Vorstellung davon generiert werden, was von der Gesellschaft als schön eingeschätzt wird.[11]

> *„Die Gesellschaft gibt uns vor, nach welchen Kriterien wir Personen einordnen, und nennt uns auch gleich die Attribute, die wir bei ihnen als natürlich und normal erwarten können."[12]*

1.2. Historischer und kultureller Abriss – Streben nach Schönheit

Die selbstgefasste Arbeitsdefinition von Schönheit umfasst zwei Aspekte, die nur selten in der Literatur Beachtung finden: epochaltypisch und kulturabhängig. Dies impliziert die These, dass Schönheit nicht zu jeder Zeit und in jedem kulturellen Raum gleich aufgefasst wird, das Schönheitsideal ist somit wandelbar. Gleichzeitig muss damit ein Faktor der Definition abgewogen werden: die massenmediale Verbreitung. Die damit gemeinten Massenmedien der heutigen Zeit sind Internet, Fernsehen oder Zeitungen. Doch diese Medien sind ebenso kulturellabhängig und epochaltypisch wie das darin propagierte Schönheitsideal. Aus diesem Grund gilt es, an dieser Stelle einen kurzen Überblick zu den historischen Schönheitsidealen sowie den aktuellen Schönheitsidealen in anderen kulturellen Kontexten vorzunehmen. Dies dient der Abgrenzung zu den hier thematisierten, massenmedial verkörperten Schönheitsvorstellungen, wobei sich die Frage anschließt, wie sich die Schönheitsideale ohne solche Medien verbreitet haben.

---

[11] Vgl. Posch, 2009, S. 173ff.
[12] Abels, 2006, S. 350.

Bereits in der **Steinzeit** galten füllige Frauen mit ausladenden Hüften aufgrund der Hoffnung auf höhere Fruchtbarkeit als besonders reizbar. In der Jungsteinzeit begann die Fertigung von Kleidung aus Fellen und Leder.[13]

Im **Alten Ägypten** (ca. 2920 bis 332 v.Chr.) nahm die Schönheit, genauer gesagt die Einheit aus körperlicher und geistiger Schönheit, einen hohen Stellenwert ein. Die Toten wurden einbalsamiert, um die Schönheit auf Ewigkeit zu konservieren. Nofretete, die erste Frau des Pharao Echnaton, symbolisiert vermutlich das Schönheitsideal der damaligen Zeit (siehe Abbildung 1): große Augen, hohe Wangenknochen, volle

Abbildung 1: Nofretete

Lippen. Wandmalereien deuten auf ein Ideal des weibliches Körpers hin, welches dem heutigen durch schlanke Silhouette und hochsitzende Brüste ziemlich ähnlich ist. Auch die Männer im Alten Ägypten pflegten einen bestimmten Schönheitskult, sie waren am ganzen Körper enthaart, schminkten sich und trugen lange schwarze Perücken.[14]

Die Idealvorstellung von Griechen und Römern in der **Antike** (ca. 850 v.Chr. bis 400 n.Chr.) zeichnet ein Frauenbild, wonach der weibliche Körper nicht zu dick und nicht zu dünn sein sollte, die Brüste sollten klein und fest und die Hüfte gleichzeitig einladend sein. Der männliche Körper wurde bei den Griechen und Römer unterschiedlich aufgefasst. Während ein fülliger, dicklicher Mann bei den Römern als Wohlstandszeichen gedeutet wurde, galt dieser bei den Griechen als verweichlicht.[15]

Im **Mittelalter** (400 bis 1400 n.Chr.) wurde der Körper unterschiedlich betrachtet. Während die Kirche eher eine negative Betrachtung des Körpers pflegte, waren sexuelle Ausschweifungen und die Konzentration auf Körperlichkeit innerhalb der Gesellschaft weit verbreitet. Deutlich erkennbar ist jedoch, dass die Mode der damaligen Zeit klar die Gesell-

---

[13] Vgl. Hoffmann, 2011, o.S.
[14] Vgl. Ebd.
[15] Vgl. Thommen, 2007, S. 27f.

6

schaftsschichten trennte. Der Hofadel trug prächtige Gewänder in auffälligen Farben, der einfachen Bevölkerung fehlte zum einen das Geld, sich solche Kleider zu leisten, zum anderen waren diese für die körperliche Arbeit unbrauchbar. Bei den Hofdamen lag der Fokus des Schönheitskultes auf dem Gesicht, denn Eigenarten des Körpers konnten durch opulente Gewänder verdeckt werden. Demnach galten weiße Haut, schmale Augenbrauen, rosige Wangen, rote und schmale Lippen, lange und lockige Haare sowie eine hohe Stirn als Schönheitsideal. Bereits hier wurden Praktiken ausgeübt, um dem Schönheitsideal möglichst nahe zu kommen, so zupften sich die Frauen die Haare am Haaransatz der Stirn aus, um diese zu vergrößern.[16]

In der **Renaissance** (1300 bis 1500 n.Chr.) wurden allgemein die Kulturgüter der Antike wiederbelebt, dies zeigt sich ebenfalls in ähnlichen Schönheitsvorstellungen. Demnach sollte auch, gemäß der Proportionslehren-Schrift „de architectura von Vitruv" aus der Antike, der menschliche Körper perfekt in die Form von Kreis und Quadrat passen. Insgesamt war die Figur der Menschen, aufgrund der besseren wirtschaftlichen Situation, rundlicher und fülliger. Der weiße Teint des Gesichts ist wie im Mittelalter noch sehr gefragt, weshalb Frauen wie Männer Cremes aus Bleiweiß und Quecksilber nutzten, um das Gesicht aufzuhellen, was wohlbemerkt ihre Gesundheit schädigte.[17]

Der **Barock** (ca. 1600 bis 1700) ist bekannt für auffällige, meist lockige und weiße Perücken. Die Kleidung von Frauen und Männern war opulent und prunkvoll. Beide Geschlechter trugen Satinpumps mit Absätzen sowie weiß gepuderte Gesichter. Auch der Körper wurde bestmöglich transformiert und dargestellt. Die Frauen schnürten sich in enge Korsagen, um eine dünne Taille zu erhalten, womit sie ihre inneren Organe schädigten und mit Atemnot kämpften. Die Männer wollten durch rundlichere und breite Körper mächtiger und fruchtbarer wirken, dazu nutzten sie auch Hüft- und Wadenpolster.[18]

Das **19. Jahrhundert** ist aus Perspektive des Schönheitsideals sehr vielfältig. Da nun die

---

[16] Vgl. Renz, 2006, S. 21f.
[17] Vgl. Renz, 2006, S. 22ff.
[18] Vgl. Renz , 2006, S.24f.

ersten Nähmaschinen aufkamen, war es möglich, unterschiedliche und günstigere Kleidung zu erhalten. Im **Empire-Stil** Anfang des 19. Jahrhunderts trugen Männer Frack, Zylinder und Hosenträge, die Farben waren eher dezent, die Schnitte klassisch. Die Frauen trugen häufig lange Kleider, die bis zur Brust geschnürt waren, dazu kombinierten sie modische Kopfbedeckungen und Accessoires wie Fächer oder Handschuhe. Die Menschen wollten sportlich und gleichzeitig schlank wirken, die Jugendlichkeit stand klar im Fokus. Die Frauen unterstrichen ebenfalls ihre Weiblichkeit durch einladende Dekolletés.[19]

Im **20. Jahrhundert** sind innerhalb der einzelnen Jahrzehnte große Unterschiede bei Mode und Schönheit festzustellen.

In den **1920er** Jahren ist das Frauenbild, geprägt durch die Nachkriegsstimmung, burschikos. Die Frauen waren als Arbeiter relevant, dies zeigte sich auch in ihrem Körperbild und der Vorstellung von Mode. Große Brüste und enge Taillen entsprachen nicht dem Idealbild, die Frauen rezipierten in den Printmedien Bilder von sportlichen Hollywood-Schönheiten und wollten ihnen nacheifern. Auch modisch waren große Veränderungen festzustellen, die Frauen mussten arbeiten und trugen deshalb, auch im praktischen Sinne, Hosen und kürzere Haare.[20]

In den **1950ern** und **1960er** Jahren kamen die ersten Ausgaben des Playboys mit der nackten Marylin Monroe auf dem Cover nach Deutschland. Die sexy Darstellung der weiblichen-rundlichen Frau sorgte für ein Umdenken in Deutschland. Rundungen und große Brüste galten als Schönheitsideal, gleichzeitig propagierten Zeitschriften, wie durch Make-Up an das Aussehen der Zeitschrift-Schönheiten aus Hollywood herangereicht werden kann.[21]

Die **1980er** Jahre waren bekannt für die Aerobic-Welle aus den USA. Das Schönheitsbild der Frauen passte sich dem an, was sie in Zeitschriften und im Fernsehen sahen: Toupiertes Haar, buntes und auffälliges Make-Up, exzentrische bunte und enge Kleidung in Kombination mit großen Schulterpolstern waren Trend. Es wurde versucht, Aufmerksamkeit zu erre-

---

[19] Vgl. Renz, 2006, S. 26ff.
[20] Vgl. Posch, 1999, S. 39.
[21] Vgl. Drolshagen, 1995, S. 98f.

gen und den sportlichen Körper perfekt zu inszenieren, Rundungen und Fettpolster waren nicht gern gesehen. Damit einher ging ein regelrechter Diätwahn und die Weiterentwicklung von Schönheitsoperationen wie z.B. das Fettabsaugen.[22]

In den **1990er** Jahren blieb der Trend unter den Frauen zu einer schlanken Figur, dies wurde durch die Mode- und Modelwelt unterstützt. Bei den Männern war eine deutliche Zunahme an Fitness-Fokussierung festzustellen, dies war besonders an einer Vielzahl von trainierten, nackten Männern in der Werbung ersichtlich.

Nachdem nun ein überwiegend westlich begrenzter historischer Abriss zur Entwicklung des Schönheitsideals unternommen wurde, stellt sich die Frage, wie Schönheit fernab der westlichen Längengrade verstanden wird.

Die größten Unterschiede lassen sich im Körperbild der Menschen feststellen. Während in westlichen Kulturen eher schlankere, sportliche Körperfiguren als ideal gelten, sind besonders in afrikanischen Ländern die Anforderungen anders. So gilt in Uganda ein großer Po bei Frauen als Idealbild, diese Vorliebe für Fülle beschränkt sich nicht nur auf das Gesäß. Die Frauen des Hima-Stammes müssen einige Monate vor ihrer Hochzeit in Hütten, in denen sie regelrecht gemästet werden. Die Mast, bei der die Frauen täglich ca. 5000 Kalorien aufnehmen, dient dem Zweck, dem Mann zu gefallen, denn in diesem Stamm ist die Frau ein Statussymbol für ihren Mann. Die Fülle des Körpers der Frau deutet auf den Wohlstand des Mannes hin.[23]

Sehr bekannt durch die Medien sind die Giraffenhalsfrauen des thailändischen Padaung-Volkes. Die Messingringe werden nur von den Frauen getragen und die Prozedur beginnt schon in der Kindheit. Je mehr Ringe eine Frau um den Hals geschlungen hat, je höher ist ihr Ansehen. Die Ringe werden niemals abgelegt und können im Alter bis zu 10 Kilogramm

---

[22] Vgl. Drolshaugen, 1995, S. 121.

[23]Vgl. Red („Mästern für die Schönheit"), http://www.prosieben.de/stars/red/video/maesten-fuer-die-schoenheit-clip [zuletzt abgerufen am 30.04.2016]

schwer und 40cm hoch sein.[24]

Ein Indianerstamm aus Ecuador namens Los Colorados ist, wie der Name bereits vorweg-nimmt, sehr farbenfroh geprägt. Neben der bunten Kleidung sind auch die Körper der Men-schen rot oder schwarz bemalt oder tätowiert. Die Männer bemalen auch ihre Haare mit roter Farbe, um Glück, Schutz vor böse Geistern und Erfolg bei den Frauen zu erhalten.

Nun stellt sich die Frage, inwiefern diese historische und kulturellen Erkenntnisse zur Schönheit dieser Arbeit dienlich sind und welche Schlüsse daraus gezogen werden können. Zum Einen wird deutlich, dass Schönheit, wie in der Definition festgehalten, immer epochal-typisch und kulturell abhängig ist. Ein ultimatives und universelles Schönheitsideal gibt es nicht. In dieser Arbeit wird Schönheit aus westlicher Perspektive des 21.Jahrhunderts ge-deutet, welche den enormen Einflüsse der Massenmedien unterliegt, was ebenfalls in der Definition festgehalten wurde.

Zum anderen ist durch diese Darstellung ersichtlich, dass das Streben nach Schönheit kein Phänomen der Neuzeit oder der Medien ist. Im Laufe der Geschichte wandelten sich einige Schönheitsideale, doch die Intentionen dahinter waren in den meisten Fällen zweierlei: Die eigene Darstellung und die Interaktion im zwischenmenschlichen. Ein Beispiel ist die blasse Haut im Barock, Männer und Frauen wollten ihre eigene Identität als Teil des privilegierten Hofgefolges ausdrücken. Gleichzeitig sollten die roten Lippen und das lange gelockte Haare dem anderen Geschlecht imponieren und zur Interaktion anregen. Auch diese beiden As-pekte sind in der aufgeführten Arbeitsdefinition zu finden.

1.3.   Schönheitsideale in der Gesellschaft

Nachdem Schönheitsideale nun definitorisch, historisch und kulturell betrachtet wurden, stellt sich die Frage nach dem aktuellen Schönheitsideal, wie bereits erwähnt, aus der Per-spektive des westlichen 21. Jahrhunderts. Doch wird an dieser Stelle darauf verzichtet, ein

---

[24] Vgl. Wheat (Kulturell geprägte Vorstellungen von Schönheit"), http://www.der-ueberblick.de/ueberblick.archiv/one.ueberblick.article/ueberblick5d44.html?entry=page.200404.006

gesamtgesellschaftliches Schönheitsbild aufzuzeigen, der Schwerpunkt dieser Arbeit liegt im Selbstbild und Schönheitsideal der Jugendlichen, was im folgenden Kapitel dargestellt wird. An dieser Stelle soll allgemein dargestellt werden, welche Position Schönheit bzw. Schönheitsideal in der heutigen Gesellschaft erfahren, denn dies ist allgemein für alle Altersgruppen gültig.

Gerade in der heutigen Zeit erfährt Schönheit eine widersprüchliche und zwiegespaltene Einordnung.

Auf der einen Seite ist Schönheit, im äußerlichen Sinn, ein erstrebenswertes Gut und, wie sich im historischen Rückblick zeigt, eine Tugend, die der Mensch von Natur aus anstrebt. Auf der anderen Seite gilt sie als banales und unreflektiertes Ziel, welches aufgrund von hoher Oberflächlichkeit nicht anzustreben ist. Schöne Menschen gelten als dumm und charakterschwach und gleichzeitig als klug und sozial etabliert: Dies zeigt sich z.B. in den Vorurteilen gegenüber blonden Frauen oder der Überzeugung, dass gutes Aussehen in der Karriere förderlich ist und hübsche Menschen beliebter sind.[25]

Diese zwiegespaltene Position von Schönheit ist eine gesellschaftliche Gegebenheit, denn Schönheit findet nicht nur auf der persönlichen Ebene statt. Der Mensch als solcher ist in eine soziale Struktur eingebettet, sein individuelles Tun ist immer abhängig vom sozialen Umfeld. Alle Handlungen des Individuum sind „sinnhaft auf das Verhalten anderer Personen bezogen" und dürfen deshalb „nicht allein als das Ergebnis der in der psychosomatischen Einheit des Menschen liegenden Kräfte" gedeutet werden.[26] Diese gegenseitige Wechselbedingung zwischen Individuum und sozialem Umfeld zeigt sich, bezogen auf Schönheit, auch in einer Studie von Degele (2004), in welcher den Probanden die Frage „Was bedeutet es für Sie/dich, sich schön zu machen?" gestellt wurde. Die überwiegende Zahl der Antworten stellte eine Verbindung von „Sich-schön-Machen" und „Sich-wohl-Fühlen" her. Degele sagt weiter, dass das Wohlfühlen zwar augenscheinlich privat erscheint, jedoch „im Spannungs-

---

[25] Vgl. Hunger, 2010, S. 77ff.
[26] Vgl. Hillmann, 2007, S.326f.

feld von gesellschaftlichen Anpassungszwängen [...]"[27] steht. Man könnte das Wohlfühlen als unterbewusste Strategie der menschlichen Psyche verstehen, um die gesellschaftlichen Schönheitsnormen und Zwänge nicht als solche wahrzunehmen, sondern sie als eigens initiierte Haltung aus dem Inneren zu deuten. Demnach ist das Wohlfühlen zum einen Produkt der Verschönerung, wie auch gleichzeitig zur Schaustellung dieser. Wohlfühlen ist nach außen ein Ausdruck psychischer Integrität, deutlich erkennbar als sichtbare Verschönerung bzw. Schönheit. Diese Sichtbarkeit ist unmittelbar auf die soziale Umwelt des Individuums bezogen und bestätigt die These Degeles, dass das Wohlfühlen und damit das „Sich-schön-Machen" gesellschaftlichen Anpassungszwängen unterliegen, ob bewusst oder unbewusst.[28]

1.4. Schönheitsideal und Schönheitshandeln bei Jugendlichen

Das heutige Schönheitsideal besonders das von Jugendlichen ist durch viele verschiedene Einflüsse geprägt. Einige Grundkomponenten lassen sich durchweg durch alle Generationen feststellen, wobei deutlich ist, dass die Jugend diese eher exzessiv versteht. Sehr relevant ist die Figur, gerade der Frauenkörper soll nach dem gängigen Schönheitsideal dünn sein. Abgesehen von der schlanken Figur, sollen die Menschen sportlich und fit sein, Ziel ist es „für immer jung" zu sein.[29] Wer nicht natürlich „schön" ist, kann durch Schönheitshandeln nachhelfen, um dieses Ideal zu erlangen.[30]. Nachfolgend werden gezielte Praxen des Schönheitshandeln tiefer gehend beleuchtet. Die Auswahl wurde aufgrund der Popularität und Umsetzbarkeit getroffen, weshalb z.B. die Schönheitschirurgie hier nicht beleuchtet wird. Außerdem wird immer kurz Bezug zu den sozialen Netzwerken genommen, da durch diese ablesbar ist, welches Ideal von Jugendlichen angestrebt wird. Dieser Ausarbeitung lagen außerdem keine wissenschaftlich erhobenen Daten vor, inwiefern welcher Schönheitsfaktor bei den Jugendlichen Anerkennung findet, es sind in Grundzügen jedoch alle drei Faktoren festzustellen. Eine weitere Möglichkeit des Schönheitshandeln auf sozialen Netzwerken

---

[27] Degele, 2004, S. 20.
[28] Vgl. Degele, 2004, S.91ff.
[29] Vgl. Posch, 1999, S. 48.
[30] Vgl. Posch, 2009, S. 25f.

im weiteren Sinne besteht in der Bearbeitung der Bildern, worauf in Kapitel 3.5 tiefer eingegangen wird.

1. Schlankheit

Am Anfang der Betrachtung von Schlankheit als Faktor von Schönheit steht die Frage: „Ab welchem Gewicht ist man schlank?" Auch wenn es darüber, wie bei der gesamten Thematik der Schönheit, subjektive Meinungen gibt, so wird der Body Mass Index (BMI)[31] meist als Orientierung angesehen.

Der Trend zur s.g. Size-Zero-Figur hat sich über die Jahrzehnte des 20. Jahrhunderts entwickelt und sich in der Gesellschaft manifestiert. Während Erwachsene eher dazu tendieren schlank, um gesund zu sein, geht es bei den Jugendlichen, gerade bei den weiblichen, überwiegend nur um die Optik. Vorbilder sind die Models in Mode und Werbung, die ein Bild der Idealfigur vermitteln. Die Folge der Vermittlung dieses Körperideals erleiden viele Mädchen Essstörungen, in vielen Fällen verbunden mit Depressionen. Auf die genauen Umstände dieser Krankheiten wird an dieser Stelle nicht weiter eingegangen. Die sozialen Medien nehmen hierbei eine wichtige Rolle ein, während dieses Schönheitsideal von ihnen vermittelt wird, nutzen die Betroffenen die gebotene Plattform, um sich auszutauschen und sich in dem Wunsch immer dünner zu werden zu bestärken. Seiten wie Pro-Ana[32] oder Pro-Mia[33]

idealisieren Essstörungen und Magersucht und geben sogar Tipps wie das bessere Abnehmen gelingt oder wie man die Krankheit am besten vor den Angehörigen verstecken kann.

Aber auch in weniger extremem Ausmaß wird das Ideal des dünnen und schlanken Körpers unter weiblichen

Abbildung 2: DinA4 Challenge

---

[31] Body Mass Index = Quotient von Körpergewicht in Kilogramm. und dem Quadrat der Körpergröße in Meter
[32] Pro-Ana = von pro: für und Anorexia nervosa: Magersucht.
[33] Pro-Mia = von pro: für und Bulimia nervosa: Ess-Brechsucht.

Jugendlichen propagiert. Ein aktuelles Beispiel ist die A4-Challenge. Die User von sozialen Netzwerken werden dazu aufgerufen, mit Hilfe eines Din-A4 Blattes, welches hochkant vor der Taille platziert wird, zu beweisen, wie dünn sie sind. Ziel ist dabei die Taille komplett durch das Blatt abzudecken (siehe Abbildung 2).

2. Fitness- und Gesundheitswahn

Neben der Schlankheitsbewegung ist eine konträre Richtung festzustellen. Gemäß dem Motto „Strong is the new skinny"[34] etabliert sich die Meinung unter einigen Jugendlichen, dass eine Ernährungsumstellung und regelmäßiger Sport bedeutsamer und ästhetischer sind als eine lediglich dünne Figur. Wie schon in der Kategorie Schlankheit gibt es auch hier Abstufungen in der Intensität. Der Trend geht hier jedoch eher zur Lebensumstellung, als einer reinen Ernährungsumstellung mit regelmäßigem Sport. Fitnessstudios, „gesunde" Küche, Sportbekleidung und die Vermarktung von Fitness-Models auf den sozialen Netzwerken boomt. Obgleich dieser Trend bei Männern schon seit Jahrzehnten besteht und bei Frauen eher als unästhetisch galt, wird es von einer Vielzahl von Jugendlichen als erstrebenswert angesehen, auch als Frau, eine enorme Muskulatur z.B. in den Oberarmen, dem Bauch oder dem Gesäß aufzubauen. In den sozialen Netzwerken wird dieser Hype[35] katalysiert durch die Darstellung des Fitness-Lifestyle. Die betroffenen User posten Beiträge, meist Fotos, zu ihrem Essen und ihren Trainingsroutinen, ein damit einhergehendes Phänomen ist das „Check"-Bild, bei welchem die jeweilige Muskelgruppe fotographisch in Szene gesetzt wird. Ähnlich wie bei den spezifischen Seiten zur Essstörung, wird sich auf den Plattformen Unterstützung angeboten, Tipps gegeben oder ein gemeinsames Training vereinbart. Aber auch dazugehörige Bereiche wie Sportbekleidung, Nahrungsergänzungsmittel oder spezielle Sportprodukte werden in den sozialen Netzwerken beworben. Für das Schönheitsideal der Jugendlichen heißt dies, auch wenn die Fokussierung auf Sport und

---

[34] In Anlehnung an das gleichnamige Buch von Jennifer Cohen.
[35] Hype = vom engl. hyperbol meint einen besonders spektakulärer und mitreißender Trend.

Gesundheit nicht exzessiv ist, dass es durchaus als Zeichen für Schönheit gilt, fit zu sein und dies in irgendeiner Form, auch z.b. in Form von Lebensmitteln oder Kleidung, darzustellen.

3. Kosmetik, Pflegeprodukte und Mode

Schönheitshandeln muss nicht zwangsläufig ein langfristig angelegter Prozess sein, wie bei Diäten oder Sport. Auch kurzfristige Veränderungen können zum Schönheitsideal gehören, dazu gehört die Anwendung von Kosmetika oder Pflegeprodukten, sowie das Tragen modischer Kleidung. Was modische Kleidung bedeutet, soll an dieser Stelle nicht erläutert werden. Fest steht, dass Mode zeit-, kultur-, gruppen- oder schichtgebunden sein kann. Was hierbei als schön und passend empfunden wird, ist unterschiedlich subjektiv wahrnehmbar. Mode entspricht aktuellen Trends, die von der Mehrheit der Jugendlichen als „Inn" tituliert wird. Eine Mode gilt für unterschiedliche Zeiträume und erfüllt unterschiedliche Zwecke,

wie z.b. das Kaschieren von Problemzonen oder die Betonung bestimmter Körperregionen.

Kosmetika und Pflegeprodukte bewirken eine temporäre Veränderung, besonders der Gesichtszüge. Rote Lippen und gepuderte Gesichter gelten, wie im historischen Abriss gezeigt, schon seit dem Zeitalter des Barocks als „schön". Durch Schminke erhält die Frau,

Abbildung 4: Nagellack-sortiment

oder auch der Mann, die Möglichkeit, subjektiv wahrgenommene Makel zu kaschieren, beispielsweise Augenringe, oder „schöne" Partien zu betonen, z.b. volle Lippen durch Lippenstift. Außerdem ist die Selbstdarstellung wandelbar, da durch Schminke verschiedene Gesichtsausdrücke und Identitäten herausgestellt werden können. Ebenfalls alt Schönheitsideal gelten gepflegt Nägel, bestmöglich lackiert.

In den sozialen Netzwerken werden sowohl Kosmetika als auch Pfle-

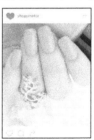

Abbildung 3: maniküre te Hand

15

geprodukte als Hilfe zu einem anzustrebenden Schönheitsideal dargestellt. Die Menge der Nagellacke, sowie Bilder auf denen nur die Hand abgebildet, implizieren das Bild einer schönen Frau (siehe Abbildungen 3 und 4).

Auch das Schminken spielt in den sozialen Netzwerken eine große Rolle: Neben populären Schmink-Tutorials, in denen eine Schritt-für-Schritt Anleitung durch Video oder Bilder für das „perfekte Make-Up" gezeigt wird, ist aktuell der Trend des Contouring[36] besonders bekannt. Dieses Phänomen ist besonders interessant für die Betrachtung des Schönheitsideals, da hier durch dunkleres und helleres Make-Up die Gesichtskonturen optisch verändert werden (siehe Abbilung 5). Das Make-Up als solches ist demnach nicht das Schönheitsideal sondern vielmehr ein Mittel, das eigene Gesicht dem gängigen Schönheitsideal z.B. von hohen Wangenknochen, anzupassen.

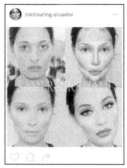

Abbildung 5: Contouring

2. Social Media – die soziale Lebenswelt Jugendlicher?

2.1. Definition und Angebotsformen

Das Internet hat innerhalb der letzten Jahrzehnte an Bedeutung gewonnen. Nicht nur die technische Weiterentwicklung sondern gerade die Implikation in die sozialen Geschehnisse der Gesellschaft begründen diesen Bedeutungszuwachs zum Massenmedium. Social Media entspringt dieser Verbindung von Technizität und sozialer Relevanz. Die Social Media Websites zeichnen sich nach Pleil (2010) durch fünf Handlungsoptionen aus[37]:

1. **Publizieren**: Sämtliche veröffentlichte Inhalte des Users.

---

[36] Contouring = die Kunst, die Gesichtsform durch Make-Up zum positiven zu verändern.
[37] Vgl. Pleil, 2010, S.36ff.

2. **Vernetzung**: Zum einen die Vernetzung der User, zum anderen die Vernetzung durch technische Maßnahmen.

3. **Teilen**: Informationen werden verbreitet.

4. **Zusammenarbeiten**: Gemeinsames Arbeiten mehrerer User.

5. **Bewerten und Filtern**: Bewertungen durch Menschen für Menschen zur Orientierung.

Innerhalb der Masse an Social Media Websites lassen sich mehrere Angebotsformen kategorisieren. Hier werden drei, für diese Ausarbeitung relevante Angebotsformen herausgestellt und kurz erläutert:

A) Blogs

Blogs, auch Weblogs genannt, veröffentlichen Inhalte in umgekehrt chronologischer Reihenfolge, sodass der neuste Inhalt ganz oben zu finden ist. Die Usern können Kommentare zu diesem Inhalt verfassen und lesen, dadurch wird ihnen die unmittelbare Kommunikation und Reaktion zum veröffentlichten Inhalt ermöglicht. Blogs sind darüber hinaus oft persönlich vom Veröffentlicher geprägt und geben subjektive Eindrücke, meist zu einem bestimmten Gebiet, wieder. Die Nutzer verfolgen überwiegend das Ziel der Informationsgewinnung.[38] In der heutigen Zeit sind besonders Blogs zu Rezepten, Mode und Lifestyle sehr beliebt.

B) Mircoblogging

Mircobloggingdienste setzen auf textreduzierte Inhalte, d.h. der User kann lediglich eine geringe Anzahl an Textzeichen nutzen. Beim bekannten Microbloggingdienst „Twitter" sind dies 140 Zeichen. Die sehr kurzen Einträge deuten auf einen geringe-

---

[38] Vgl. Hamich, 2014, S. 40ff.

ren Informationscharakter hin, der Schwerpunkt liegt demnach eher in der Interaktion der User miteinander.[39]

C) Soziale Netzwerke

Die sozialen Netzwerke arbeiten mit individualisierten Nutzerprofilen. Nach der Registrierung kann der User eine Profilseite mit Informationen erstellen und anschließend in Beziehung („Freundschaft") mit anderen Usern treten. Veröffentlicht werden hier von verschiedenen Personen Inhalte jeglicher Art, z.B. Nachrichten, Statusmeldungen oder Fotos. Die s.g. Community, also die anderen Usern, können darauf mit Kommentaren reagieren und so interagieren. „Facebook", als das weltweit wohl größte und bekannte soziale Netzwerk, bietet den Usern darüber hinaus die Möglichkeit, die Community in Form von geschlossenen Gruppen selbst zu bestimmen. Soziale Netzwerke verfolgen mehrere Schwerpunkte, neben der Informationsgewinnung, wie beim Blog und der Interaktion, wie beim Microblogging, erhält der User die Möglichkeit der Selbstdarstellung in Form des persönlichen Profils.[40]

Die Angebotsformen besitzen verschiedene Schwerpunkte, wobei die Übergänge fließend sind. Im Verlauf der Arbeit wird sich jedoch zunehmend auf die sozialen Netzwerke fokussiert, da der Blog und das Microblogging aufgrund ihres geringeren Funktionsrahmens in der Betrachtung der sozialen Netzwerke inkludiert sind.

2.2. Funktionen

In der Erklärung der drei betrachteten Angebotsformen der Social Media Sites wurden verschiedene Schwerpunkte genannt. Schmidt (2009) unterschiedet drei Funktionen von

---

[39] Vgl. Hamich, 2014, S. 40ff.
[40] Vgl. Hamich, 2014, S. 40ff.

Social Media Nutzung, in welchen die Schwerpunkte der Angebotsformen wiederzufinden sind[41]:

a) **Informationsmanagement**

Der User hat die Möglichkeit, Informationen, unabhängig von Ort und Zeit, zu selektieren, zu filtern, zu bewerten und diese zu verwalten.

b) **Identitätsmanagement**

Besonders durch das persönliche Profil, aber auch durch die veröffentlichten Inhalte, hat der User die Möglichkeit, sich selbst zu präsentieren und darzustellen.

c) **Beziehungsmanagement**

Die Interaktion unter den Usern, z.b. durch Kommentare oder Nachrichten, ermöglicht das Pflegen alter und das Knüpfen neuer Kontakte.

2.3. Jugend und soziale Medien

Das Internet wird mehr und mehr von sämtlichen Gesellschafts- und Altersgruppen genutzt. Im Jahr 2015 gingen laut der Onlinestudie von ARD/ZDF 63 Prozent der deutschen Gesamtbevölkerung täglich ins Netz, im Vergleich zum Jahr 2014 ist dies ein Zuwachs von 3,5 Millionen Personen (8,5%). Gerade bei den Jugendlichen ist hier eine größere Nutzung zu finden. Die jährlich stattfindende JIM-Studie (Jugend, Information, (Multi-)Media) erhebt den Medienumgang von 12- bis 19-jährigen in Deutschland. Laut JIM-Studie nutzen 80 Prozent der 12- bis 19-jährigen täglich das Internet. Damit einher geht die Nutzung von sozialen Netzwerken, ca. 73 Prozent der Jugendlichen sind in solchen aktiv.[42]

Es zeigt sich, dass Internet und soziale Netzwerke für Jugendliche bedeutende Kommunikationsmittel darstellen. Aber auch entwicklungspsychologisch spielen soziale Netzwerke eine große Rolle, die Einrichtung eines eigenen Profils stellt für Jugendliche eine Möglichkeit dar, sich mit der eigenen Identität auseinanderzusetzen und diese in Anbetracht der

---

[41] Vgl. Schmidt, 2009, S. 45ff.

[42] Vgl. Medienpädagogischer Forschungsverbund Südwest, 2014, S.33ff.

peergroup-internen Normen auszudifferenzieren. Diese Darstellung der Identität erfolgt besonders aufgrund von Selbstporträts, denn diese haben einen enormen Einfluss auf die Außenwahrnehmung durch die anderen User. [43] In der fotografischen Selbstdarstellung der User lassen sich mediale Vorbilder z.B. Prominente erkennen. Inwiefern die Selbstdarstellung auf Selbstporträts in den sozialen Netzwerken sowohl bei „normalen" Usern als auch bei den medialen Vorbildern zu verstehen ist, wird im folgenden Kapitel analysiert.

3. Selfie – das Bild zur Selbstdarstellung

3.1. Begriffsbestimmung

Das **Selfie** bezeichnet laut Duden ein „mit der Digitalkamera (des Smartphones oder Tablets) meist spontan aufgenommenes Selbstporträt einer oder mehrerer Personen"[44]. Der Oxford Dictionary fügt zur Gestaltung des Fotos noch die Veröffentlichung auf sozialen Netzwerken hinzu, demnach wird Selfie definiert als „a photographthat one has taken of oneself, typically one taken with a smartphone or webcam and uploaded to a social media website"[45]. Der Begriff „Selfie" wird bereits seit dem Jahr 2004 genutzt, im Jahr 2012 nahm der Gebrauch bis heute enorm zu.

3.2. Geschichte des Selbstporträts

Die Selbstdarstellung des Menschen ist kein Phänomen der Neuzeit, auch wenn das Selbstporträt seit der digitalen Wende einen enormen Zuwachs erfahren hat. Bereits vor dem Aufkommen der Fotografie als Technologie wurden Selbstporträts in der Malerei festgehalten. Diese historischen Umstände der Malerei und der Fotografie bilden die Grundlage für die aktuelle Faszination für Selfies auf sozialen Netzwerken, dies zeigt, dass das Phänomen der

---

[43] Vgl. Autenrieth, 2014, S. 23.
[44] Duden („Selfie"), http://www.duden.de/rechtschreibung/selfie [zuletzt abgerufen am 30.04.2016]
[45] Oxford Dictionary („Selfie"), http://www.theguardian.com/books/2013/nov/19/selfieword-of-the-year-oed-olinguito-twerk [zuletzt abgerufen am 30.04.2016]

20

bildhaften Selbstdarstellung keine Erscheinung des digitalen Zeitalters ist. Dies wird nachfolgend anhand konkreter Beispiele betrachtet.

In der Malerei sind die ersten Selbstbildnisse mit dem Zwecke der sozialen Anerkennung im späten Mittelalter zu finden. Besonders wohlhabende Menschen wie Adlige oder Kaufleute, aber auch die Künstler selbst, strebten nach der Selbstdarstellung in einem Porträt. Ein sehr bekanntes Beispiel ist das „Selbstbildnis im Pelzrock" von Albrecht Dürer (siehe Abbildung 6), in welchem er sich selbst, nahezu christusähnlich im Jahr 1500, abbildet.[46]

Schneider (1994) tituliert die Spanne von Spätmittelalter bis 1600 als „die große Zeit des Porträts". Die Bedeutung des Porträts und die Darstellungsform wandelte sich im Laufe der Zeit und entwickelte sich

Abbildung 6: Albrecht Dürer, Selbstbildnis im Pelzrock, 1500

weiter. Gerade Ende des 15. Jahrhunderts neigte man dazu, die Porträts zu idealisieren. Die Akzentuierung des „Schönen" und die Inszenierung des Selbst sind Aspekte, die in der heutigen Selfie-Kultur ebenfalls zu finden sind. [47]

Mit der Revolution der Fotografie im Jahr 1839, als der Franzose Louis Daguerre die Technik der Daguerreotypie entwickelte, wurde es möglich, Bilder mit einer Kamera festzuhalten. Die Menschen waren begeistert von dieser Möglichkeit, und gerade die Porträtfotografie faszinierte sie.[48] Die vermutlich erste Fotografie, die ein Selbstporträt zeigt, entstand im gleichen Jahr und zeigt Robert Cornelius aus den USA. Er versuchte sich in der neuen Technik, weshalb das Bild auch nicht als Selbstinszenierung sondern eher als Ergebnis eines Experimentes gedeutet werden kann. Dennoch ergibt sich aus der technischen Ausführung, dass Cornelius wohl das erste Selfie der Geschichte gemacht hat.[49] Im Laufe der Zeit nahm die Zahl der fotographischen Selbstporträts zu, besonders interessant ist, dass die gewähl-

---

[46] Vgl. Schneider, 1994, S. 104ff.
[47] Vgl. Schneider, 1994, S. 15ff.
[48] Vgl. Angier, 2008, S. 13.
[49] Vgl. Hannavy, 2013, o.S.

ten Positionen und Inszenierungen auch heute noch relevant sind. Ein Beispiel ist das

Selbstporträt der russischen Zarentochter Anastasia Nikolajewna Romanowa aus dem Jahr 1913 (siehe Abbildung 7). Sie positioniert sich vor einem Spiegel und inszeniert sich selbst mit weißen Kleid und geflochtenem Zopf. Diese Pose lässt sich als „Spiegel-Selfie" typisieren, eine Selfie Kategorie, die auch heute noch relevant ist und worauf später noch genauer eingegangen wird.[50]

Abbildung 7: : Anastasia Nikolajewna Romanowa, Selbstporträt, 1913

Aus historischer Perspektive ist erkenntlich, dass das Selfie kein Phänomen der Neuzeit ist, und nicht nur Jugendliche von der Möglichkeit der Selbstabbildung fasziniert sind. Es zeigte sich, dass bekannte, erwachsene Persönlichkeiten aus oberen Gesellschaftsschichten schon im 19. Jahrhundert Selfies nutzten, um mit der Gesellschaft in Kommunikation zu treten.

3.3.   Bilder in sozialen Netzwerken

Bilder nehmen in der Welt der sozialen Netzwerke eine große Rolle ein. Laut Angaben von Facebook befanden sich im Jahr 2013, 250 Milliarden Fotos online auf der Website, monatlich kämen ca. zehn Milliarden Fotos dazu. Nach dem heutigen Stand (Frühling 2016) müssten demnach mittlerweile fast 700 Milliarden Bilder auf Facebook sein, damit ist Facebook das größte digitale Online-Bildarchiv. Vergleicht man Bildbeiträge mit Textbeiträgen auf sozialen Netzwerken, so kann festgestellt werden, dass Bilder aufgrund ihrer visuellen Struktur vielschichtiger und detailreicher als es Texte sein können. In ähnlichem Kontext formuliert Langer die Differenz zwischen Bild und Text wie folgt:

---

[50] Vgl. Dailymail: http://www.dailymail.co.uk/femail/article-2514069/Russian-Grand-Duchess-Anastasia-seen-capturing-reflection-1913-Russia.html [zuletzt abgerufen am 30.04.2016]

„Die Übereinstimmung zwischen einem Wortbild und einem sichtbaren Gegenstand [kann] niemals so eng sein wie die zwischen einem Gegenstand und seiner Photographie"[51]

Ein besonderes Merkmal von Bildern auf sozialen Netzwerken ist das mögliche Ineinandergreifen der Wort- und Bildebene. Durch das Ergänzen eines Textes oder das Kommentieren des Bildes ergänzen sich die beiden Darstellungsformen, die Möglichkeit der Anschlusskommunikation wird gegeben. Dadurch können die User, egal ob Produzent oder Rezipient, das Bildgeschehen aushandeln. Zusätzlich zur visuell vermittelten Information des Bildes, erfährt dieses einen potentiellen Aufmerksamkeitsaffekt. Das bedeutet, dass durch einen Moment von Emotion der Blick des User und damit seine Aufmerksamkeit unmittelbar „eingefangen" wird. Bilder erwecken außerdem den Eindruck, objektiv und wirklich zu sein, wodurch die abgebildete Person als, in dieser Form, real suggeriert wird.[52]

3.4. Analyse des Bilderflut

Im Social Web ist eine Masse an Bildern zu finden, die Selfies sind in dieser nur eine Kategorie, diese lässt sich wiederum unterteilen. Für diese Arbeit wurde zunächst die grobe Unterteilung nach Autoren vorgenommen, also prominente Persönlichkeiten und Jugendliche. Dies hat den Hintergrund, dass gerade Prominente wegen ihrer Bekanntheit einen großen Einfluss auf das medial vermittelte Schönheitsideal haben. Der Einfluss der „normalen" Jugendlichen auf das Schönheitsideal ist jedoch eher begrenzt. In Folge dieser Unterscheidung sind auch die Eigenschaften des Selfies als Bild unterschiedlich und werden folgend aufgeschlüsselt.

3.4.1. Mediale Selbstdarstellung der „Promis"

Prominente Menschen stehen ständig im Fokus der Medien. Einerseits wird viel über sie berichtet, andererseits nutzen sie die Medien aber auch, sich durch eigene Beiträge (Wort und Bild) zu inszenieren. Hier betrachtet werden lediglich die Bildbeiträge der Prominen-

---

[51] Langer, 1965, S.101.
[52] Vgl. Autenrieht, 2014, S.43ff.

ten, speziell die Selfies, diese erfüllen für die Prominenten verschiedene Funktionen. Die folgende Untergliederung in Selfie-Arten wurde selbst erstellt, beinhaltet lediglich ausgewählte Aspekte, die dieser Arbeit dienlich sind und erhebt nicht den Anspruch auf Vollständigkeit. Außerdem wird zu jeder Kategorie ein Beispiel gegeben, zur besseren Vergleichbarkeit wurden Bilder einer bestimmten Person herausgesucht. Alle gezeigten Bilder innerhalb der nachfolgenden Kategorisierung werden dem Instagram-Profil[53] von Stefanie Giesinger[54], der Gewinnerin von Germanys Next Topmodel 2014, entnommen.

1. „Promi-unter-Promis-Selfie"

Auch für bereits bekannte Persönlichkeiten geht es stets darum, sich im öffentlichen Leben zu etablieren, und den Bekanntheitsgrad zu vergrößern. Eine häufig genutzte Möglichkeit ist die Kombination der Fangruppen durch gemeinsame Auftritte oder Tätigkeiten. Das gemeinsame Selfie ist für diesen Zweck sehr geeignet: Der zeitliche Aufwand ist relativ gering und die meist spontane Inszenierung stellt die abgebildeten Prominenten augenscheinlich authentisch dar.

Abbildung 8: Stefanie Giesinger und Heidi Klum

---

[53] Instagram = eine kostenlose App zum Teilen von Fotos und Videos.
[54] Stefanie Giesinger (* 27. August 1996 in Kaiserslautern), Frequentierung auf Instagram :1009 Beiträge, 1,8 Millionen Abonnenten, 86 Abonniert. (Stand 26.04.2016)

2. „Promi-Spiegel-Selfie"

Bereits die in Kapitel 3.2 angesprochene Zarentochter zeigt sich im Jahr 1913 in einem Bild, dass vor einem Spiegel aufgenommen wurde. Heute ist das Spiegel-Selfie umso beliebter, unabhängig von Alter, Geschlecht, sozialer Schicht oder ethnischem Hintergrund, auch Prominente nutzen dieses Format häufig. Die Perspektive entspricht meist der Totalen, so ist der gesamte Körper der Person zu sehen und der Betrachter bekommt einen Eindruck über den Hintergrund. So wird

Abbildung 9: Stefanie Giesinger im Aufzug

ein Gefühl von spontaner Teilhabe am Leben des Prominenten suggeriert. Besonders die Alltäglichkeit in Verbindung mit der Darstellung des Körpers zeichnen das Spiegel-Selfie aus. Die Betonung der Körperlichkeit hat einen enormen Nutzen für die Selbstvermarktung der Prominenten. Auffällig ist weiter, dass der Kopf bzw. das Gesicht der abgebildeten Person fast nicht zu erkennen oder auch nicht auf dem Bild zu sehen ist.

3. „Lifestyle-Selfie"

Prominente faszinieren die Menschen nicht nur durch ihre Schönheit, auch Statussymbole und Einblicke ist das Leben der Stars und Sternchen beeinflussen. Solche Lifestyle-Selfies sind wohl die überwiegende Art der gepostet Bildern von Prominenten. Die Palette der Abbildung erstreckt sich vom aktuellen Urlaubsort, über das

Abbildung 10: Stefanie Giesinger im Urlaub

25

Outfit des Tages[55] bis hin zum hergerichteten Mittagessen. Die Prominenten versuchen in möglichst schöner Ablichtung ihr Leben mit sämtlichen persönlichen Einblicken darzustellen und zu vermarkten. Neben der Darstellung ihres Lifestyles zum Wecken von Interesse, spielt auch die Vermittlung von Nähe und Exklusivität eine Rolle. Die potentiellen Fans werden durch private Einblicke geködert, die Stars werden nahbar und erscheinen „menschlich".

4. „PR-Seflie"

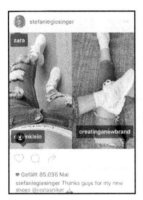

Diese Kategorie des Selfies dient besonders der Vermarktung von Produkten. Prominente kommen häufig in den Genuss, Produkte zu testen oder geschenkt zu bekommen. Die Gegenleistung, welche von den Sponsoren-Firmen erwartet wird, ist die Publikation der Produkte im öffentlichen Raum, real oder online. Das Beispielbild zeigt, wie Stefanie Giesinger die Sponsoren ihrer Hose, ihrer Unterhose sowie ihrer Schuhe dankt, sie auf dem Bild verlinkt[56] und in Szene setzt.

Abbildung 11: Stefanie Giesinger macht Werbung

---

[55] Outfit of the Day
[56] Erklärung

1. Spiegel-Selfie

In den sozialen Netzwerken ist das Spiegel-Selfie eine der beliebtsten Bilderformen. Ziel ist es, neben dem Gesicht, den Körper und die Umgebung fotografisch abzubilden. Die Inszenierung des Hintergrundes ist für das Selfie sehr relevant, ähnlich wie beim Prominenten-Spiegel-Selfie. Die Einrichtung des ersichtlichen Wohnraumes lassen die Darstellung der Person authentisch wirken oder bestätigen die verbale Aussage des Users, wie z.B. über eine Lokalität. Ein konkretes Beispiel wäre der Post einer jungen Frau auf Instagram, die ein Bild hochlädt mit dem Titel „#Gymselfie"[57]. (Siehe Abbildung 12) Dem Hintergrund ist ganz klar die Kulisse des Fitnesstudios zu entnehmen, was dem Beitrag der Userin Authentizität verleiht.

Abbildung 12: Gymselfie

Außerdem sind zwei weitere Merkmale des Spiegel-Selfies an diesem Beispiel zu erkennen. Zum einen die Betonung des Körper durch seine ganzheitliche Abbildung und zum anderen die Blickrichtung. Der Blick der jungen Frau ist nicht in den Spiegel und damit auf den Rezipienten gerichtet, sondern auf das Display des Smartphones. Ein möglicher Interpretationsansatz wäre hier die Fokussierung auf die Selbstinszenierung.

2. On-the-Top-Selfie

Eine ebenso beliebte Darstellungsform im Bereich des Selfies ist das „On-the-Top-Selfie". Diese Bilder werden an Orten aufgenommen, die sich erhöht

Abbildung 13: On-the-Top-Selfie am Gran Canyon

---

[57]Gymselfie= zu Deutsch: Fitnessstudio.Selfie

27

befinden und so den Blick nach unten ermöglichen. Durch die Aufnahme im weiten Winkel ist der Hintergrund bzw. Untergrund ersichtlich, die Entfernung zum Hintergrund wirkt noch größer und der Fotograf steht gleichzeitig im Vordergrund. Die meisten Bilder dieser Gattung werden draußen aufgenommen und zeigen atemberaubende Naturkulissen oder Sehenwürdigkeiten. Häufig werden hierbei in der neueren Entwicklung so genannte Selfie-Sticks verwendet, um die Perspektive zu vergrößern. (siehe Abbildung 13)

3.5. Bildbearbeitung

In Kapitel 1.4 wurde erläutert, welches Schönheitsideal Jugendliche aufweisen und durch welches Schönheitshandeln dies zu erreichen versucht wird. Eine weiter Möglichkeit die eigene Identität und die Selbstdarstellung in den sozialen Netzwerken auf visuelle Weise zu beeinflussen, ist die Bearbeitung der veröffentlichten Bilder. Die Techniken, Bilder zu bearbeiten, sind in der heutigen Zeit vielfältig, aber vor allem schnell und einfach zu bedienen. Bildzentrierte soziale Netzwerke wie die App Instagram bieten ein integriertes Bildbearbeitungsprogramm vor dem Hochladen. Die User erhalten die Möglichkeit, sich selbst, in Form des bearbeiteten Bildes, so zu repräsentieren, wie sie es wünschen. Die Spanne an Bearbeitungsmöglichkeiten der Bilder reicht hierbei von einer *allgemeinen Optimierung der Bildqualität,* was Aspekte wie Kontrast und Helligkeit umfasst, über das *Implementieren von Wörtern oder Emoticons* bis hin zur *Idealisierung und Verschönerung*, z.B. durch Retuschieren. Besonders die Optimierung des Körpers oder des Gesichtes nutzen User häufig, indem z.B. Konturen weich gemacht werden oder die Haut, durch größere Helligkeit ebenmäßiger erscheint. Aber auch das Experimentieren mit Körper und Stil kann durch Bildbearbeitung umgesetzt werden. So kann sich ein User durch Bildbearbeitung z.B. „dünner machen" oder „die Haare färben" und sich in den sozialen Netzwerken Meinungen einholen, ohne eine dauerhafte Veränderung bereits vorgenommen zu haben. In der Jugendszene herrscht Uneinigkeit über das Thema Bildbearbeitung. Tendenziell ist jedoch festzustellen, dass grundlegende Veränderungen, wie eine auffällige, optische Verminderung des Körpergewichtes

28

oder ähnliche identitätsändernde Vorgänge, abgelehnt werden. Geringfügige „Verbesserungen" jedoch, wie das retuschieren eines Pickels oder das Spielen mit Kontrast und Helligkeit werden akzeptiert. Eine mögliche Begründung ist, dass die geringfügige Bildbearbeitung gleichgesetzt wird mit dem Schminken und so von vielen als allgemein anerkanntes Mittel und Schönheitshandeln angesehen wird. [58]

3.6. Zwischen Fremd-Beeinflussung und Selbstdarstellung

Es wurde gezeigt, dass die Anstrengung zur Selbstdarstellung sowohl bei Prominenten als auch bei Jugendlichen sehr präsent ist. Die Frage nach dem „Warum" kann mit dem aktuellen Zeitgeist beantwortet werden. Im digitalen Zeitalter ist die Gier nach Aufmerksamkeit der Hauptindikator für diese Selbstdarstellung.[59] Den Usern wird durch die sozialen Netzwerke eine Vielfalt an Plattformen geboten und sie können ihr Bedürfnis nach Aufmerksamkeit befriedigen, indem sie persönliche Informationen als Bild oder Text preisgeben. [48] Arlt sieht in der zeitlichen und räumlichen Distanz zwischen den Usern sowohl den Hauptunterschied zwischen realer und digitaler Selbstdarstellung als auch den größten Erfolgsindikator für das Selfie. Dies begründet er weiter damit, dass das Netz einen Schonraum darstellt, da es meist keine direkten Einwände oder Nachfragen zur Selbstdarstellung gibt[60] Diese Annahme geht damit einher, dass dem Nutzerprofil viel Glauben und Vertrauen geschenkt wird. Nutzerprofile sollen ein authentisches Bilder der Person vermitteln, die Bilder und auch die Selfie spielen dabei eine besondere Rolle. Der User kreiert sich selbst durch Körperhaltung, Gesichtsausdruck und Hintergrund, diese symbolische Nachricht steht über der meist zusätzlichen verbalen Nachricht zum Bild. Die Selbstdarstellung im Bild gibt dem User die Möglichkeit, diese Selbstkreation immer wieder aufs Neue vorzunehmen, mehrere Identitäten zu generieren und darzustellen. Außer der Gier nach Aufmerksamkeit ist die Tendenz zum Narzissmus ein Charakteristika von Selfie-Fotografen. [61]

---

[58] Vgl. Geise & Lobinger, 2012, S. 174ff.
[59] Vgl. Blumer, 2013, S.57.
[60] Vgl. Arlt („Hono selfieniensis"), http://www.carta.info/76999/homo-selfieniensis/ [zuletzt abgerufen am 30.04.2016]
[61] Vgl. Turkle, 1998, S.289.

Schlussworte und Conclusio

In dieser Hausarbeit wurde versucht, einen Einblick über das sehr junge und komplexe Forschungsgebiet des **Selfies** zu geben. Im Zuge dessen wurden schwerpunktmäßig die zwei Kommunikationsfunktionen des Selfies, die Selbstdarstellung und die Beeinflussung des jugendlichen Schönheitsideals, betrachtet. Dabei wurde nicht nur das Thema Schönheit, sondern auch Social Media in Grundzügen untersucht und dargestellt. Insgesamt wurde festgestellt, dass das Phänomen Selfie durchaus aktuell, jedoch nicht gänzlich neu ist. Die Ursprünge sowohl des Strebens nach Schönheit als auch des Bedürfnisses der Selbstabbildung können in der Vergangenheit manifestiert werden. Durch die technische Weiterentwicklung der Fotografie und des Smartphones, sowie dem Aufkommen von sozialen Netzwerken wurde das Selfie schnell zur visuellen Möglichkeit der Selbstdarstellung. Innerhalb dieser Ausarbeitung wurde eine Kategorisierung vorgenommen, um die Selfies zu analysieren und zu bewerten. Diese Kategorisierung stellt lediglich einen Ausschnitt der Bilderflut auf sozialen Netzwerken dar. Wie auch die sozialen Netzwerke generell, entwickeln sich die Selfie-Trends ständig weiter. Eine umfassende Kategorisierung war allerdings nicht Ziel dieser Arbeit, vielmehr sollte eine Sensibilität und ein Zugang für das relativ unerforschte Thema Selfie geschaffen werden.

Es wurde außerdem versucht, zu klären, inwiefern Selfies das Schönheitsideal Jugendlicher beeinflussen. Eine aktuelle Antwort kann auf diese Frage gegeben werden, jedoch keine umfassende. Es ist sicherlich so, dass Selfies, gerade von Prominenten, prägend für Trends und damit für Schönheitsideale sind. In Verbindung mit der Anschlusskommunikation, die durch Kommentare in den sozialen Netzwerken gegeben ist, erhalten die Jugendlichen Rückmeldungen zu ihrer Selbstdarstellung, was sicherlich die Identität und die optischen Idealvorstellungen beeinflusst. Für diese Ausarbeitung wurde lediglich die Verbreitung der Trends und Schönheitsideale innerhalb der sozialen Netzwerke und deren Popularität als Indikator für jugendliche Schönheitsideale herangezogen. Um eine umfassende, empirisch belegbare Aussage darüber zu treffen, müssten weiterführende Untersuchungen und Studien durchgeführt werden, welche durch Interviews mit den Jugendlichen ein authentisches Meinungsbild vermitteln.

Der Seminartitel beinhaltet die Frage nach Chancen und Grenzen medial vermittelter Kommunikation, womit eine Bewertung von Selfies allgemein einhergeht – sind sie per se gut oder schlecht?

Festzustellen ist, dass Selfies Mittel der Selbstdarstellung sind, und somit das Selbstbewusstsein und die Selbsteinschätzung der User vermutlich fördern, denn nur selten werden kritische Kommentare zum Bild geäußert. Selfies unterhalten die Menschen und ermöglichen eine Kommunikation, welche tiefgehender und dennoch einfacher als Textbeiträge sind. Es gibt allerdings auch Bereiche, die an individuelle oder gesellschaftlich-ethische Grenzen stoßen, seien es vulgäre Selbstporträts Minderjähriger oder fragwürdige „Beerdigungs-Selfies". Auch die Beeinflussung des Schönheitsideals ist mit Vorsicht zu betrachten, denn es kann passieren, dass sich die Begrenzung auf die visuellen Werte einer Person oberflächlich und negativ auswirken, geradezu krank machen, wie das Beispiel der Essstörungen zeigt. Es ist sicherlich so, dass Selfies die Selbstdarstellung und das jugendliche Schönheitsideal beeinflussen, doch wie bei „realer" und verbaler Kommunikation unterliegt das Handeln und der Umgang der Menschen allgemein dem gesunden Menschenverstand. Jeder ist für sein Handeln, ob online oder offline selbst verantwortlich. Es gilt, diese Tatsache ständig zu bedenken und seine eigene Online-Aktivität bezogen auf Selfies zu reflektieren. Auch wenn dies besonders der Zielgruppe der Jugendlichen angesichts ihrer psychischen Entwicklung in einigen Fällen schwer fällt, so sollte diese Thematik innerhalb der Schule und im Elternhaus bearbeitet werden.

Die Frage, ob Selfie per se gut oder schlecht sind, kann also folglich nicht pauschal beantwortet werden. Fernab von Selbstdarstellung und Schönheitsideal bleibt es jedem selbst überlassen, wie und ob er Selfies produziert, rezipiert und reflektiert.

Literatur

- Abels, Heinz: Identität, Wiebaden 2006.
- Angier, Rudolf: Schärfe deinen Blick. Außergewöhnliche Portraitfotografie, München 2008.
- Autenrieth, Ulla: Die Bilderwelten der Social Network Sites. Bildzentrierte Darstellungsstrategien, Freundschaftskommunikation und Handlungsorientierungen von Jugendlichen auf Facebook und Co, Basel 2014.
- Blumer, Tim: Persönlichkeitsforschung und Internetnutzung, Ilmenau 2013.
- Degele, Nina: Sich schön machen. Zur Soziologie von Geschlecht und Schönheitshandeln, Wiesbaden 2004.
- Drolshagen, Ebba: Der Körpers neue Kleider. Die Herstellung weiblicher Schönheit, Frankfurt a. M. 1995.
- Geise, Stephanie & Lobinger, Katharina: Bilder, Kulturen, Identitäten. Analyse zu einem Spannungsfeld Visueller Kommunikationsforschung, Köln 2012.
- Hannavy, Jeffrey: Encyclopedia Of Nineteenth-Century Photography, Danvers 2013.
- Hamich, Benedikt: Social Media in der Non-Profit-PR. Einsatz von Facebook, Twitter und Co in der Öffentlichkeitsarbeit der deutschen Bistümer, Hamburg 2014.
- Hoffmann, Emil: Geheimnisse der Steinzeit mit Blick auf die Evolution des Menschen, Norderstedt 2011.
- Hunger, Matthias: Die Ästhetik des Menschen. Ästhetisches Erleben, Attraktivität, Schönheit und Liebe, Münster 2010.
- Langer, Susanne: Philosophie auf neuem Wege. Das Symbol im Denken, im Ritus und in der Kunst, Frankfurt a. M. 1965.
- Medienpädagogischer Forschungsverbund Südwest: JIM-Studie 2014. Jugend, Information, (Mulit-) Media, Stuttgart 2014.

32

- Pleil, Thomas: Social Media und ihre Bedeutung für die Öffentlichkeitsarbeit. In: Kayser, Meike; Böhm, Justus; Spiller, Achim (Hrsg.): Die Ernährungswirtschaft in der Öffentlichkeit. Social Media als neue Herausforderung der PR, Göttingen 2010.
- Posch, Waltraud: Körper machen Leute. Der Kult um die Schönheit, Frankfurt a. M. 1999.
- Posch, Waltraud: Projekt Körper. Wie der Kult um die Schönheit unser Leben prägt, Frankfurt a. M. 2009.
- Schmidt, Jan: Das neue Netz, Merkmale, Praktiken und Folgen des Web 2.0, Konstanz 2009.
- Schneider, Norbert: Porträtmalerei. Hauptwerke europäischer Bildniskunst 1420 – 1670, Köln 1990.
- Thommen, Lukas: Antike Körpergeschichte, Zürich 2007.
- Turkle, Sherry: Leben im Netz. Identitäten in Zeiten des Internets, Hamburg 1998.

Zeitschriften

- Posch, Waltraud: Schönheitsansichten. Körpergefühle zwischen persönlichem Wohlbefinden und gesellschaflichem Druck. In: Unsere Kinder. Das Fachjournal für Bildung und Betreung in der frühen Kindheit. Nr. 5/2010, S. 4-7.

Internetliteratur

- Arlt („Hono selfieniensis"), http://www.carta.info/76999/homo-selfieniensis/ [zuletzt abgerufen am 30.04.2016]
- Dailymail: http://www.dailymail.co.uk/femail/article-2514069/Russian-Grand-Duchess-Anastasia-seen-capturing-reflection-1913-Russia.html [zuletzt abgerufen am 30.04.2016]

- Duden („schön"), http://www.duden.de/rechtschreibung/schoen [zuletzt abgerufen am 30.04.2016]
- Duden („Ideal"), http://www.duden.de/rechtschreibung/ideal [zuletzt abgerufen am 30.04.2016]
- Duden („Selfie"), http://www.duden.de/rechtschreibung/selfie [zuletzt abgerufen am 30.04.2016]
- Oxford Dictionary („Selfie"), http://www.theguardian.com/books/2013/nov /19/selfieword-of-the-year-oed-olinguito-twerk [zuletzt abgerufen am 30.04.2016]
- Red („Mästern für die Schönheit"), http://www.prosieben.de/stars/red /video/maesten-fuer-die-schoenheit-clip [zuletzt abgerufen am 30.04.2016]
- Wheat, Sue: Kulturell geprägte Vorstellungen von Schönheit http://www.derueberblick.de/ueberblick.archiv/one.ueberblick.article/ueberblick5d44.html?entry-=page.200404.006 [zuletzt abgerufen am 30.04.2016]

Abbildungsverzeichnis

Abbildung 1: Nofretete 6

Quelle: http://berlin-woman.de/wp-content/uploads/2011/01/Nofretete.jpg [zuletzt abgerufen am 30.04.2016]

Abbildung 2: DinA4 Challenge 13

Quelle: http://cdn-06.wuerzburgerleben.de/wp-content/uploads/2016/03/a4waist_wuerzburg-620x466.jpg

Abbildung 3: manikürte Hand 15

Quelle: Instagram, https://www.instagram.com/p/BDjCPxTv1nu/

Abbildung 4: Nagellacksortiment 15

Quelle: Instagram, https://www.instagram.com/p/BEQifO-v1pS/

Abbildung 5: Contouring 16

Quelle: Instagram, https://www.instagram.com/p/uo_DEWydN-/

Abbildung 6: Albrecht Dürer, Selbstbildnis im Pelzrock, 1500 21

Quelle: Schneider, Norbert: Porträtmalerei. Hauptwerke europäischer Bildkunst 1420-1670

Abbildung 7: : Anastasia Nikolajewna Romanowa, Selbstporträt, 1913 22

Quelle: http://www.dailymail.co.uk/femail/article-2514069/Russian-Grand-Duchess-
Anastasia-seen-capturing-reflection-1913-Russia.html [zuletzt abgerufen am 30.04.2016]

Abbildung 8: Stefanie Giesinger und Heidi Klum 24

Quelle: Instagram, https://www.instagram.com/p/BCPZQs1mBPS/

Abbildung 9: Stefanie Giesinger im Aufzug 25

Quelle: Instagram, https://www.instagram.com/p/9WmcGSGBBR/

Abbildung 10: Stefanie Giesinger im Urlaub 25

Quelle: Instagram, via http://www.cosmopolitan.de/am-pool-chillen-mit-stefanie-giesinger-70622.html

Abbildung 11: Stefanie Giesinger macht Werbung 26

Quelle: Instagram, https://www.instagram.com/p/zaAinimBHa/

Abbildung 12: Gymselfie 27

Quelle: Instagram, https://www.instagram.com/p/BCgKksJqzpU/

Abbildung 13: On-the-Top-Selfie am Gran Canyon 27

Quelle: Instagram, via http://www.selfiestickstore.com/wp-content/gallery/in-the-news/grand-canyon-selfie-stick.jpg

Lightning Source UK Ltd.
Milton Keynes UK
UKHW040753150319
339205UK00001B/347/P

9 783668 261495